Héraclite

Fragments

Introduction de Theodor Gomperz
Traduction de Paul Tannery

suivi de

La vie d'Héraclite, par Diogène Laërce

Copyright © 2022 by Culturea
Édition : Culturea 34980 (Hérault)
Impression : BOD - In de Tarpen 42, Norderstedt (Allemagne)
ISBN : 9782385080037
Dépôt légal : octobre 2022
Tous droits réservés pour tous pays

FRAGMENTS

LA PENSÉE D'HÉRACLITE

C'est dans l'ombre d'un sanctuaire, loin de l'assourdissante cohue du marché et du bruit des chantiers maritimes, qu'est éclose la doctrine d'Héraclite[1]. Parmi les philosophes grecs, celui-ci est le premier qui ne calcule ni ne mesure, qui ne dessine ni ne travaille de ses mains; c'est le premier cerveau spéculatif, et la fécondité vraiment merveilleuse dont il a fait preuve nous instruit et nous charme encore aujourd'hui. Mais c'est aussi un philosophe exclusif dans le sens le moins favorable du mot, c'est-à-dire un homme qui, sans être réellement supérieur dans un seul domaine, se considère comme supérieur à tous ses semblables. Il avait écrit dans une langue imagée, mais pas toujours exempte d'artifice, un ouvrage profond dont il nous reste de nombreux fragments; nous possédons en outre sur sa vie des indications en petit nombre, mais importantes; ces deux sources d'information nous permettent de nous faire de l'imposante figure de celui qu'on surnommait « l'Obscur » une idée plus nette que de celle de n'importe lequel des penseurs qui l'ont précédé ou ont vécu en même temps que lui. De bonne heure, cependant, la légende s'est appliquée à tisser ses fils autour de la personne de ce philosophe « Jean qui pleure ». Nous ne connaissons ni l'année de sa naissance, ni celle de sa mort; on plaçait son acmé vers la soixante-neuvième Olympiade (504-501 av. J.-C.) en se fondant probablement sur un événement auquel il prit part, et dont la date pouvait être déterminée[2]. Car le descendant des rois d'Éphèse, qui lui-même pouvait prétendre à la dignité à la fois royale et

---

[1] Sources principales: Diog. Laërce, IX ch. 1, et plus de 100 fragments, maintenant réunis et accompagnés de tous les documents littéraires s'y rapportant, dans les *Heracliti Ephesii reliquiae* de J. Bywater, Oxford, 1887. Les prétendues lettres d'Héraclite, qui proviennent de diverses époques et ont été écrites par des auteurs différents, forment une source secondaire. Elles se trouvent également dans l'ouvrage de Bywater. Il faut ajouter l'*Herakleitos von Ephesos*, grec et allemand, par H. Diels, Berlin, 1901.

[2] Comme son acmé coïncide avec l'époque de la révolte de l'Ionie, on peut supposer que ce fut son attitude dans cet événement (il prit peut-être position contre Hécatée, qu'il blâme dans son œuvre) qui donna lieu à cette indication. S'il est vrai, comme l'assure la tradition, qu'il échangeait des lettres avec Darius (cf. lettres 1-3), il est possible qu'il eût reconnu clairement l'inutilité de cette tentative; il pouvait d'ailleurs se figurer que le régime aristocratique, auquel allaient ses préférences, était mieux garanti par la suzeraineté de la Perse. Et, de fait, l'affranchissement, qui eut lieu en 479, conduisit à la démocratie, dont les fragments de son œuvre supposent l'existence.

sacerdotale, mais qui y renonça par égard pour son frère, intervint sans doute activement et à plusieurs reprises dans les destinées de sa patrie ; on dit même qu'il détermina le prince Mélankomas à résigner l'autorité qu'il avait usurpée. Mais la composition de son œuvre ne saurait être antérieure à 478, car elle fait allusion à des événements politiques qu'on ne peut placer plus haut.

La solitude et la contemplation de la nature ont été les muses d'Héraclite. Cet homme altier, plein d'une indomptable confiance en lui-même, ne s'était assis aux pieds d'aucun maître. Mais quand, pensif enfant, il vagabondait sur les collines si merveilleusement belles qui entourent sa ville natale, et que recouvre une végétation d'une luxuriance presque tropicale, son âme avide de savoir s'ouvrait aux intuitions de la vie universelle et des lois qui la régissent[3]. Les grands poètes de son peuple avaient nourri son imagination enfantine et l'avaient meublée de métaphores étincelantes, mais quand son esprit se fut mûri, il n'y trouva plus la satisfaction qu'il cherchait. Car le doute sur la réalité des créations mythiques avait déjà été éveillé, notamment par Xénophane ; les âmes ouvertes aux impressions nouvelles, avaient conçu un idéal plus haut, qui rejetait à l'arrière-plan les dieux homériques, animés de passions et de désirs humains. Pour lui, loin de l'honorer, il aurait voulu « bannir des séances publiques et fouetter de verges » le poète qui, de concert avec Hésiode — pour emprunter le langage de l'historien Hérodote » — a donné aux Grecs leur théologie. Il se montre également hostile à tous les objets de la croyance populaire : à l'adoration des images, qui équivaut, selon lui, à « bavarder avec des murailles,., aux sacrifices expiatoires, qui remplacent une souillure par une autre, comme si celui qui s'est vautré dans la boue voulait se purifier par la boue » ; aux « infâmes » pratiques du culte de Dionysos aussi bien qu'aux cérémonies « sacrilèges » des mystères. La « polymathie » d'Hésiode, « que la plupart suivent comme leur maître », il ne la méprise pas moins que celle du mathématicien-philosophe Pythagore, que celle du rhapsode-philosophe Xénophane et de l'historien et géographe Hécatée. Il a appris d'eux tous, mais il ne se reconnaît le disciple d'aucun. Il ne trouve un mot de chaude louange que pour la philosophie simple et pratique de Bias. Il avait subi fortement l'influence d'Anaximandre, et il lui en témoigne sa reconnaissance en ne le rangeant pas — non plus que Thalès et Anaximène — dans la liste des maîtres dédaignés de la polymathie « qui ne forme pas l'esprit ». Ce qu'il y a de meilleur en lui, il se flatte de ne le devoir qu'à lui-même, car « de tous ceux dont il a entendu les discours, pas un seul n'est parvenu à la vraie intelligence ». S'il éprouve

---

[3] L'auteur parle *de visu* d'Éphèse.

pour les poètes une si sombre colère, et pour les penseurs une si froide méfiance, quelle ne doit pas être la profondeur de son mépris pour la masse du peuple! Ses invectives s'abattent sur elle comme des coups de massue: «Ils se bourrent la panse comme le bétail»; «des milliers d'entre eux ne contrebalancent pas un seul homme excellent[4]». Comment ce «contempteur de la populace[5]» se serait-il soucié de la faveur de la multitude? Comment même aurait-il eu l'idée de se faire comprendre d'elle dans son exposition? Son énigmatique sagesse ne s'adresse qu'à quelques rares élus; les autres, ceux du gros tas, ressemblent aux chiens, «qui aboient après ceux qu'ils ne connaissent pas», ou encore à «l'âne qui préfère à l'or une botte de foin». Il prévoit le blâme qui s'attachera à la forme oraculaire et au sombre contenu de son œuvre, mais il le prévient en s'en référant aux plus illustres de ses modèles. Le dieu pythique, lui non plus, «ne révèle et ne cèle rien; il se contente de donner à entendre»; «la sibylle, de sa bouche en fureur, jette des paroles qui ne font pas rire, qui ne sont pas ornées et fardées», mais sa voix, grâce au dieu qui parle par elle, se prolonge pendant mille ans. Cette récompense tardive lui suffit amplement, car «les hommes vaillants choisissent une chose de préférence à toutes les autres: une gloire impérissable».

Le mépris que notre sage montre pour les hommes se justifiait amplement par les conditions politiques et morales dans lesquelles se trouvait alors sa patrie. Depuis plus d'un demi-siècle, le joug étranger pesait sur les Grecs de l'Asie-Mineure. Ce joug n'était pas particulièrement oppressif; en fait, les dynasties princières indigènes servaient bien souvent d'intermédiaires entre les pays sujets et le lâche assemblage que formait le royaume féodal des Perses. Mais c'eût été un miracle que la perte de l'indépendance nationale n'eût pas amené à sa suite un affaissement de l'esprit public et une recrudescence des intérêts privés. D'ailleurs, le terrain était préparé depuis longtemps pour cette décadence. La vie plus molle, les mœurs raffinées de l'Orient avaient relâché la vigueur en même temps que la rudesse du caractère des anciens Grecs. Quoi d'étonnant qu'un moraliste atrabilaire de la trempe de notre philosophe trouvât beaucoup à reprendre chez ses compatriotes, et les jugeât peu dignes d'exercer la souveraineté au moment où, après la chute de la domination perse, surgissait la démocratie? En tout cas, dans les guerres civiles de cette époque, il se trouvait du côté des aristocrates, et défendait leur cause avec une fureur proportionnée au mépris dont il croyait pouvoir

---

[4] Cf. frg. 119; 126; 130; 127; 125; 16; — 112; 18; 111; 113.
[5] Ce nom lui a été donné par Timon le Phliasien dans son poème satirique sur les philosophes (*Sillographorum graecorum reliquiae*, éd. C. Wachsmuth, p. 135, frg. 29). Au sujet de ce qui suit, cf. frg. 115; 51; 11; 12; 111.

accabler ses adversaires. Au paroxysme de sa passion, il prononça ce mot caractéristique de sa haine : « Les Éphésiens feraient bien de se pendre homme par homme, et d'abandonner leur cité à leurs enfants mineurs, eux qui ont chassé Hermodore en disant : « Il ne doit y avoir aucun homme excellent parmi nous ; et s'il s'en élève un, qu'il aille séjourner ailleurs, parmi d'autres hommes. » Le banni si chaleureusement loué dans ce passage avait trouvé au loin une nouvelle et glorieuse activité. Les rédacteurs de la loi romaine des XII Tables avaient fait appel à ses connaissances juridiques, et sa mémoire fut honorée d'une statue que Pline a encore vue[6]. Quant au vieil ami d'Hermodore, se sentant las du joug populaire, il quitta la ville souillée d'arbitraire et d'injustice, se retira dans la solitude des forêts de la montagne, et y finit ses jours, après avoir déposé dans le temple d'Artémis le rouleau de papyrus où il avait consigné le fruit d'une vie de pensée, et qu'il léguait aux siècles à venir.

La pleine jouissance de ce livre précieux fut déjà refusée à l'antiquité. Il renfermait des inégalités et des contradictions si choquantes que même un Théophraste ne pouvait les expliquer que par les troubles intellectuels auxquels l'auteur aurait été sujet. Aristote se plaint des difficultés que la construction embarrassée de la phrase offrait au lecteur, et une foule de commentateurs, parmi lesquels des hommes très distingués, s'efforcèrent d'éclairer les obscurités dont cette œuvre fourmille. Nous ne pouvons ni rétablir dans leur suite exacte ni attribuer avec certitude aux trois sections dans lesquelles elle se divisait : physique, morale et politique, les débris qui nous en sont parvenus[7].

La grande originalité d'Héraclite ne consiste pas dans sa théorie de la matière primordiale, ni même dans sa théorie de la nature en général, mais, le premier, il a aperçu entre la vie de la nature et celle de l'esprit des rapports qui, dès lors, ne sont pas rentrés dans l'ombre ; le premier, il a construit des généralisations qui recouvrent comme d'une immense voûte les deux domaines de la connaissance humaine. Comme conception fondamentale, il se rapprochait beaucoup d'Anaximandre. La caducité de toutes les créations individuelles, la transformation perpétuelle des choses, l'ordre naturel envisagé comme un ordre moral, toutes ces idées étaient aussi familières à son esprit qu'à celui du plus grand de ses prédécesseurs. Ce qui l'en séparait, c'était son tempérament inquiet, son aversion pour l'étude patiente des faits particuliers, la tournure plus poétique de

---

[6] Cf. frg. 114 et Pline, *Hist. Nat.*, XXXIV, 5, 21.
[7] Théophraste, dans Diog. L., IX, 6. — Aristote, *Rhetor.*, III, 5. — Commentateurs : parmi eux, Cléanthe, le second chef du Portique (Diog. Laërce, VII, 174). — Il se peut que la division en trois sections ne date que des bibliothécaires d'Alexandrie.

son imagination, son goût pour la richesse et la plasticité des formes. C'est pourquoi la matière primordiale d'Anaximandre, dépourvue de toute détermination qualitative précise, ne pouvait lui suffire, pas plus d'ailleurs que la substance première invisible et incolore d'Anaximène. La forme matérielle qui lui semble correspondre le mieux au processus de la vie universelle, et par conséquent la plus élevée en dignité, c'est celle qui n'offre jamais l'apparence même du repos ou d'un mouvement insensible ; celle en qui lui paraît résider le principe même de la chaleur vitale des êtres organisés supérieurs, et par conséquent l'élément par excellence de la vie le feu, qui anime et qui dévore tout. « Cette ordonnance unique de toutes choses, s'écrie-t-il, n'a été créée par aucun des dieux, ni par aucun des hommes ; elle a toujours été, elle est et elle sera toujours — feu éternellement vivant, qui s'allume par mesure et s'éteint par mesure. » Dans un cycle plus petit et un cycle plus grand, il faisait descendre le feu primitif aux autres formes —plus basses— de la matière, et de celles-ci, par les mêmes voies, « car le chemin d'en haut et celui d'en bas n'en font qu'un » — il le faisait remonter à sa forme originelle. Le feu se transforme en eau, et celle-ci — pour une moitié — remonte immédiatement comme « souffle igné » à la voûte du ciel ; l'autre moitié se change en terre ; la terre redevient eau, et, par cette voie, se retrouve finalement à l'état de feu. Comme agents de ce cycle, nous pouvons considérer l'évaporation, la fonte, la congélation ; et nous devons nous rendre compte que, pour la naïve physique d'Héraclite, l'extinction d'un incendie au moyen de l'eau pouvait se ramener à la transformation du feu en eau. Non seulement la source sans cesse jaillissante de la naissance et de la destruction est le principe primordial de notre poète-penseur ; non seulement ce principe est divin pour lui comme il l'était pour ses prédécesseurs ; mais il y voit en même temps le représentant de l'intelligence universelle, la norme devenue consciente de toute existence, qui « ne veut pas être appelée Zeus », parce qu'elle n'est pas une essence individuelle et personnelle, et qui cependant « veut être appelée ainsi » parce que c'est le principe souverain du monde et en même temps le principe suprême de la vie — que l'on songe au grec ζην (vivre) et aux formes correspondantes du nom de Zeus. Mais nous ne pouvons pas envisager cette essence primitive comme une divinité agissant en vue d'un but, et choisissant les moyens les mieux appropriés pour l'atteindre. Héraclite la compare à un jeune garçon qui s'amuse, qui prend plaisir à jouer sans but au tric-trac, qui élève sur le rivage de la mer des collines de sable uniquement pour les renverser[8].

---

[8] Cf. frg. 20 ; 69 ; 21 ; 6 ; 79.

Construction et destruction, destruction et construction, telle est la norme qui régit tous les domaines de la nature vivante, les plus petits comme les plus grands. Et le kosmos lui-même, sorti du feu primitif, ne doit-il pas y retourner? Ce double processus se déroule et se déroulera à jamais dans des périodes fixes d'une durée immense. Sur ce point, les observations géologiques de Xénophane et celles d'Anaximandre avaient frayé la voie à la spéculation d'Héraclite. S'appuyant comme le dernier de ces philosophes sur les constatations faciles à faire le long de la Méditerranée, le penseur d'Éphèse devait naturellement en conclure qu'à l'origine cette mer avait une étendue plus considérable. Et en partant de sa doctrine physique fondamentale, ne devait-il pas aller plus loin et formuler cette thèse: de même que la terre est sortie de l'eau, l'eau est sortie du feu? Et c'est ainsi qu'il remonta par l'imagination à une époque où rien n'existait que le feu. Mais, comme il s'était approprié la croyance d'Anaximandre à un retour périodique des phénomènes, ce processus de développement ne pouvait être considéré comme s'étant réalisé une seule fois. C'est du feu que sont sorties les autres formes de la matière, et c'est en feu qu'elles se retransformeront un jour, pour que le processus de différenciation recommence et déroule la même série de changements. Par l'étendue du regard, Héraclite se rapproche des plus grands naturalistes de l'époque moderne, et — devons-nous y voir un simple hasard ou un pressentiment génial? — il est d'accord avec eux, pour autant du moins que l'on considère le système solaire, dans l'exacte représentation de ce cycle cosmique. Au point de départ comme au terme de cette période, se trouve une sphère de feu.

Sans doute, cette conception impliquait des contradictions avec la nature des choses, aussi bien qu'avec la théorie fondamentale du philosophe. Les avait-il aperçues lui-même, et, en ce cas, comment y paraît-il? C'est ce que nous ignorons. «Le feu se nourrit des vapeurs qui s'élèvent de l'humide.» Alors la source même où s'alimente le feu ne doit-elle pas tarir par la diminution et l'anéantissement final de l'élément humide? Puis, comment la matière, augmentant de volume par l'échauffement qu'elle éprouve, tiendra-t-elle dans l'espace déjà rempli auparavant? Les successeurs d'Héraclite, c'est-à-dire les Stoïciens, ont pourvu à la difficulté en supposant un immense espace vide, tout prêt à servir à cet emploi. Mais on peut considérer comme certain que le penseur éphésien lui-même ne songea pas à cet expédient; en admettant l'espace vide, il serait devenu un précurseur de Leucippe, et nos sources n'eussent pas manqué de le faire remarquer[9].

Mais Héraclite ne se contente pas d'attribuer à la matière le changement continuel des formes et des propriétés ; il lui attribue aussi un mouvement incessant dans l'espace[10]. Pour lui, elle est vivante. Et non seulement dans le sens où l'entendaient ses prédécesseurs immédiats, et qui les a fait surnommer avec raison « animateurs de la matière » (hylozoïstes). Ils avaient cherché la cause de tout mouvement dans la matière elle-même, et non dans un agent extérieur. En cela, l'Éphésien suit leurs traces. Mais son feu « éternellement vivant » n'est pas vivant dans ce sens seulement ; les changements de matière qui se produisaient dans le monde organique, aussi bien animal que végétal, ont évidemment fait une si forte impression sur son esprit que c'est sur cette analogie que se règle sa conception générale des transformations matérielles. Tout ce qui vit est soumis à une incessante destruction, à un incessant renouvellement. Si la matière était considérée comme vivante au point de vue indiqué plus haut, quoi d'étonnant qu'en vertu de l'association des idées, elle ait été considérée ensuite, et à un point de vue nouveau, comme organiquement vivante ? De là dérive la théorie héraclitique de l'écoulement des choses. Quand notre œil croit apercevoir quelque chose de permanent, il est victime d'une illusion ; tout est, en réalité, dans un perpétuel devenir. Cette transformation n'a pas pour résultat la destruction de l'objet qui y est soumis, lorsque et parce que les particules de matière qui s'en détachent sont remplacées par l'afflux incessant de particules nouvelles. L'image favorite à laquelle recourt Héraclite pour exprimer cette pensée est celle du fleuve qui s'écoule. « Nous ne pouvons pas descendre deux fois dans le même fleuve, car il roule sans cesse de nouvelles eaux. » Et comme le fleuve, en tant que masse d'eau continue, reste le même, mais change au point de vue des gouttes dont il est formé, Héraclite aiguisa cette pensée en un paradoxe : « Nous descendons

---

[9] Cf. frg. 32 et la remarque de Bywater. La doctrine de la conflagration universelle a été déclarée adjonction stoïcienne par plusieurs savants modernes, ainsi par Schleiermacher (qui a, le premier, rassemblé et édité les fragments, *Philos. Werke*, II, 1-46), par Lassalle, *Die Philosophie Herakleitos des Dunklen*, 1858, et enfin par Burnet, *Early Greek Philosophy*, Londres 1892. Cette opinion est cependant réfutée d'une manière décisive par le frg. 26, entre autres.
[10] Cf. frg. 41 et 81. Aristote, VIII, 3. — Cf. Lewes, *Problems of life and mind*, II, 299. — Semblablement, Grove, *On the correlation of physical forces*, p. 22 : « ... though as a fact we cannot predicate of any portion of matter that it is absolutely at rest. » De même H. Spencer, *On the study of sociology*, 118 : « ... but now when we know that all stars are in motion and that there are no such things as everlasting hills now when we find all things throughout the Universe to be in a ceaseless flux. etc. » — cf. Schuster, *Heraklit von Ephesus*, dans les *Acta societ. philol. Lips.*, III, 211.

dans le même fleuve, et nous n'y descendons pas; nous sommes et ne sommes pas. »

A ces fausses analogies se mêlaient des observations exactes et se liaient des conclusions d'une grande portée. Parmi ces dernières, figurait peut-être cette idée que les impressions de l'odorat et — comme on devait le croire alors — celles de la vue étaient produites par de petites particules de matière qui se détachent constamment des corps. Quoi qu'il en soit de ce point, on signale chez Héraclite une opinion qui concorde d'une manière étonnante avec les théories de la physique actuelle. La concordance est même si exacte que l'exposé succint de ces théories se confond presque mot pour mot avec une analyse antique de la doctrine héraclitique. Plusieurs philosophes, dit Aristote, — qui ne peut guère avoir eu en vue que l'Éphésien et ses disciples, — soutiennent qu'« il est faux que quelques-unes des choses seulement se meuvent, et les autres pas, mais que toutes se meuvent, et en tout temps, quoique ces mouvements se dérobent à notre perception ». « La science actuelle — ainsi s'exprime un naturaliste philosophe d'aujourd'hui — tient pour établi que les molécules de matière sont sans cesse en mouvement, bien que ces mouvements se dérobent à notre perception. » Considérez maintenant qu'Héraclite écrivait à une époque à laquelle notre théorie de la chaleur était étrangère aussi bien que notre optique et notre acoustique; qui n'avait jamais entendu parler d'ondes de l'air ou de l'éther; qui ignorait absolument que toute impression de chaleur repose sur un mouvement moléculaire, même dans les corps solides; qui n'avait pas le moindre soupçon de la nature des phénomènes chimiques et cellulaires; qui, enfin, n'avait pas le secours du microscope, grâce auquel un mouvement se révèle à notre regard étonné, même là où l'œil nu ne perçoit que l'immobilité, et qui nous conduit, quoi que nous en ayons, à l'idée que le domaine du mouvement s'étend infiniment au delà de celui de notre perception. Celui qui considère tout cela se fait la plus haute idée de la géniale pénétration du penseur d'Éphèse; mais ce qui l'étonne surtout peut-être, c'est que cette grandiose anticipation n'ait pas produit plus de fruits pour la connaissance des phénomènes particuliers de la nature. La déception que nous en éprouvons ne doit pas diminuer la gloire de l'Éphésien. En proclamant qu'il existe des mouvements invisibles, il renversait la muraille qui empêchait de pénétrer dans les secrets de la nature; mais il fallait une seconde et décisive hypothèse pour rendre vraiment féconde celle d'Héraclite: il fallait supposer des particules de matière invisibles, indestructibles et invariables, dont tous les corps fussent composés, et qui sortissent indemnes de tous les changements de forme de ces corps. Cette grande découverte était réservée aux atomistes. Héraclite, peu porté par la tournure poétique de son esprit à inaugurer et à développer l'explication mécanique de la nature, a tiré de sa doctrine fondamentale des conclusions destinées à éclairer d'autres domaines de la connaissance.

Les changements de propriétés dans la succession du temps trouvèrent leur exacte contre-partie dans l'existence simultanée de qualités contraires. Ici encore, au regard attentif, se révèle une multiplicité qui semble mettre en péril l'unité de l'objet et de sa constitution. Par rapport à d'autres objets, différents les uns des autres, un objet se comporte différemment et souvent de manière opposée. « L'eau de la mer est la plus pure et la plus souillée ; pour les poissons, elle est potable et salutaire ; pour les hommes, elle est imbuvable et funeste. » Dans cette phrase, Héraclite ne voulait pas consigner une observation isolée ; cela est évident en soi pour quiconque connaît les fragments de son œuvre ; c'est la doctrine de la relativité des propriétés qui fait sa première apparition, et, selon son habitude, notre philosophe la pousse aussitôt à ses extrêmes conséquences : « Le bien et le mal sont une seule et même chose[11]. » Voilà qui nous rappelle le paradoxe le plus haut : « Nous sommes et ne sommes pas. » Et, en fait, l'image du fleuve, d'une part, et la doctrine de la relativité de l'autre, conduisent au même résultat : les états successifs d'un objet, ses propriétés simultanées, portent souvent le sceau d'une diversité fondamentale, et parfois même d'une complète opposition. Toute détermination, toute stabilité de l'être disparaît pour notre penseur ; il se complaît dans les propositions qui jettent un défi à l'entendement humain ; il oublie ou néglige les restrictions qui, seules, leur donnent un sens intelligible ou acceptable. Pour nous, le fleuve reste en un sens le même ; en un autre, il devient différent ; à un certain point de vue, A est « bon » ; à un autre, il est « mauvais ». L'Éphésien se soucie peu de ces distinctions ; l'inexpérience de sa pensée se fait la complice de son orgueil de penseur ; plus sont étranges les résultats auxquels il arrive, plus ils satisfont son goût pour les paradoxes, sa prédilection pour les affirmations obscures et énigmatiques, son mépris pour les vérités claires et accessibles à tous. Que les contraires ne s'excluent pas, que bien plutôt ils s'appellent et se conditionnent réciproquement, ou même qu'ils soient identiques, voilà ce qui lui paraît désormais vérité démontrée, loi fondamentale régissant tous les domaines de la vie physique et de la vie spirituelle.

Devons-nous lui en vouloir ? Absolument pas. Quand il s'agit de vérités méconnues et négligées, et surtout de vérités qui, par leur nature, sont presque for-

---

[11] Cf. frg. 7. Dans ce qui suit, nous avons amplement mis à contribution notre dissertation *Zu Heraklits Lehre and den Ueberresten seines Werkes*. (Wiener Sitzungsber. Jahrg. 1886, 997 sq.)

cément méconnues et négligées, le plus difficile et l'essentiel, c'est qu'elles soient découvertes ; peu importe la manière dont elles le sont. Les exagérations dans lesquelles tombent ceux qui les découvrent sont aussi pardonnables qu'explicables, et même, à la longue, elles sont plus utiles que nuisibles. Car le vengeur de la logique offensée ne se fera pas longtemps attendre ; les cisailles qui émondent les pousses folles de la pensée s'acquitteront tôt ou tard de leur tâche. Mais l'extravagance avec laquelle ces vérités facilement négligées ont été énoncées, le caractère absolu qu'on leur a donné, leur prête un éclat, un relief qui les préserve à jamais de l'oubli. Et surtout leur pointe paradoxale les enfonce profondément dans l'esprit de leur auteur et en fait pour lui un bien inaliénable et toujours présent. C'est ainsi que les orgies spéculatives d'Héraclite nous apparaissent comme la source de la contribution la plus précieuse qu'il ait apportée au trésor de la pensée et de la science humaines. Car, vraiment, je ne saurais par où commencer et par où finir si je voulais faire ressortir pleinement l'immense importance des vérités fondamentales contenues dans ces exagérations. Si la théorie de la sensation reconnaît la part qui revient à la subjectivité du moi, c'est grâce à la relativité ; que le même objet du monde extérieur agisse différemment sur différents organes, sur différents individus, ou même sur le même individu, en raison des états divers où il se trouve — cette pensée, qui devait bientôt être familière aux penseurs grecs, et qui, seule, pouvait les garder d'un scepticisme vain et pervers, se trouvait — telle la fleur dans le germe — contenue dans la doctrine héraclitique de la relativité. Elle s'y trouvait aussi, cette constatation encore plus profonde et plus indispensable : que les opinions, les lois et les institutions qui étaient appropriées et salutaires à une phase du développement humain sont devenues, pour une autre phase, insuffisantes et funestes. « La raison, selon le mot de Faust, devient déraison, le bienfait se change en fléau », pour ce motif uniquement que le même objet exerce des effets très différents et même opposés, à des époques différentes et en relation avec des facteurs d'une autre nature. Le ferment qui réagit le plus énergiquement contre le conservatisme aveugle dans tous les domaines, — goût, morale, institutions politiques et sociales, — c'est le relativisme ; il a manqué et manque encore aujourd'hui partout où le cri : « Cela a toujours été ainsi », a été et est considéré comme une réponse suffisante à toutes les tentatives de réforme. Mais ce n'est pas seulement au progrès qu'il s'est révélé utile ; il l'a été aussi, dans tous ces domaines, au maintien de ce qui était digne d'être maintenu ; car cette doctrine seule est en mesure d'expliquer et de justifier d'une manière satisfaisante les vicissitudes et les changements, la contradiction entre l'opinion qui juge bon ici ou maintenant ce qu'elle jugeait mauvais hier ou ailleurs. Là où elle manque, toute transformation des institutions existantes, et même la simple constatation que les mêmes normes ne s'appliquent pas partout et toujours, engendrent un doute profond et incurable sur la légitimité des institutions en général. A la variété des formes de la vie humaine, à la souplesse de notre nature, aux modifications que subit notre caractère selon les temps et les lieux, une philosophie ne peut satisfaire que si elle se plie à ces métamorphoses dignes de Protée ; de quelle insuffisance ne se montre pas celle qui ne voit de salut que dans l'immobilisme, pour qui tout changement semble conduire au règne de l'arbitraire et du hasard !

Et maintenant, nous arrivons à la doctrine de la coexistence des contraires[12]. Notre poète-penseur ne se lasse point de l'expliquer. La « dissonance est en harmonie avec elle-même » ; « l'harmonie invisible (c'est-à-dire celle qui résulte des contraires) est meilleure que la visible. » « La maladie a rendu la santé désirable ; la faim la satiété et la fatigue le repos ! » Tantôt avec une concision digne d'un oracle, tantôt avec une précision et une ampleur éclatantes, il formule cette proposition que la loi du contraste ne régit pas moins la vie des hommes que la nature, et qu'il ne serait pas meilleur pour ceux-ci d'obtenir ce qu'ils désirent, « c'est-à-dire de voir tous les contraires se fondre dans une vaine harmonie ». Il va si loin dans ce sens qu'il blâme vivement Homère d'avoir voulu « déraciner tous les maux de la vie », d'avoir souhaité que « la discorde disparût du cercle des dieux et des hommes », et d'avoir ainsi poussé « à la ruine de l'Univers ». Elles sont vraiment innombrables, les applications que ces maximes permettent ou commandent. Tout ce que nous désignons dans le sens le plus étendu du nom de polarité dans le domaine des forces naturelles : la nécessité du changement pour la production de la sensation en général et en particulier des sensations de plaisir ; l'existence indispensable, pour tout bien, des maux qui lui sont opposés ; la nécessité pour le développement et l'augmentation des énergies humaines de la compétition et de ce que nous appelons aujourd'hui la lutte pour la vie ; la nécessité de la coexistence d'éléments opposés dans l'État et dans la société, tout cela, et bien d'autres choses encore, est obscurément indiqué ou clairement développé dans les passages que nous venons de citer. Et toujours le regard de notre philosophe va du monde inanimé au monde animé ou inversement. Mais j'ai tort : cette distinction est pour lui comme si elle n'existait pas ; il considère le monde comme un feu éternellement vivant, et, pour lui, l'âme, élément de la vie, et la divinité elle-même ne sont pas autre chose que du feu.

---

[12] Cf. frg. 4 ; 47 ; 104 ; frg. 43. Nombreuses illustrations de ce qui suit dans notre dissertation, pp. 1039-40.

Nous avons quelque peine à attribuer au vieux philosophe naturaliste, en matière de sociologie, l'opinion que nous venons de rapporter ; mais, sur ce point, le texte même d'une de ses maximes est absolument exempt d'équivoque. Pour lui, *polèmos* (la guerre) est le père et le roi » de toutes les choses, de tous les êtres [13]. Si le fragment se terminait sur ces mots, personne n'aurait l'idée de l'interpréter autrement que dans un sens purement physique ou cosmologique. En vérité, au regard de l'Éphésien, se dévoile partout un jeu d'énergies et de propriétés opposées, qui s'appellent et se conditionnent réciproquement : une loi de polarité lui semble embrasser la vie universelle et comprendre en elle toutes les lois particulières. Le repos sans lutte est l'engourdissement, l'immobilité, la ruine de tout. « Le mélange se décompose quand on ne le secoue pas. » Le mouvement incessant qui crée et conserve la vie a pour base le principe de la lutte, de la guerre ; ce sont les épithètes de « père » et de « roi » qui, cette fois, se dirait-on, le caractérisent comme producteur, ordonnateur et conservateur. Et c'est à cette conclusion que l'on pouvait s'arrêter autrefois, mais il n'en est plus de même aujourd'hui, car, il y a environ soixante ans, une heureuse trouvaille [14] nous a donné la suite du fragment : « Elle (la guerre) a désigné ceux-ci comme dieux, ceux-là comme hommes, ceux-ci comme esclaves, ceux-là comme libres. » Les esclaves ce sont les prisonniers de guerre et leurs descendants ; les libres, ce sont leurs vainqueurs et leurs maîtres. Ainsi, il n'y a pas à s'y tromper, ce qu'Héraclite veut dire, c'est que la guerre, en mettant les forces à l'épreuve, opère le départ entre les puissants et les faibles, fonde l'État et organise la société. Il la loue d'avoir sanctionné cette différence de valeur, et ce qu'était pour lui cette différence, les deux termes opposés à l'esclave et au libre nous l'apprennent : l'un est homme, l'autre dieu. Et c'est la guerre aussi qui a établi le partage entre les membres de cette classe : ce que l'homme libre est à l'égard de l'esclave, l'homme devenu dieu l'est à l'égard de l'homme ordinaire [15]. Car, à côté de la foule des âmes communes qui habitent le monde d'en bas, et qui, dans ce royaume de l'humide et du trouble, n'ont, comme moyen de connaissance, que le sens de l'odorat, il y a, selon Héraclite, des esprits privilégiés qui, de la vie terrestre, s'élèvent à l'existence divine. Il se représente une hiérarchie d'êtres, divers en rangs, divers aussi en valeur, en mérite, en excellence. Il ramène la différence de rang à une différence de valeur, et ensuite, il recherche la cause de cette dernière. Il la trouve dans le frottement des

---

[13] Cf. frg. 44 ; 84.
[14] A savoir la découverte des parties perdues de l'œuvre d'Hippolyte, en 1842.
[15] Outre le frg. 38, cf. le très important frg. 47, et, à ce sujet, ma dissertation, p. 1041. Je ne puis, cette fois, me déclarer d'accord avec E. Rohde (*Psyché*, II, 2ᵉ éd., 150).

forces qui se produit dans la guerre prise tantôt au sens le plus strict du mot, tantôt dans un sens plus ou moins métaphorique.

Ces nuances sont nécessaires comme intermédiaires entre la signification cosmologique et la signification sociale du mot. Cependant, il n'y a pas lieu de trop accorder à l'atténuation que produirait la métaphore dans la pensée d'Héraclite. La mollesse de ses compatriotes ioniens, que Xénophane blâmait déjà de leur voluptueuse oisiveté, la nonchalance de ses concitoyens, dont se plaint Kallinos [16], la triste destinée qu'a subie sa patrie, tout cela a évidemment et à un haut degré exagère l'importance qu'il accorde aux vertus guerrières. « Ceux qui sont tombés à la guerre, s'écrie-t-il, sont honorés des dieux et des hommes, et les plus grands morts obtiennent les plus grands sorts. » Mais pour le philosophe dont la force réside dans une généralisation géniale, les expériences, même les plus douloureuses, ne sont qu'une occasion de poursuivre et de développer le cours de ses pensées. Et cette fois, son but ne consistait sûrement en rien moins qu'à montrer d'une manière générale que la résistance et la lutte sont la condition fondamentale du maintien et du perfectionnement progressif de l'énergie humaine.

Si nombreuses et si profondes que soient les vues que nous venons d'énumérer, Héraclite nous réserve une surprise plus grande encore. Des lois particulières qu'il a cru constater dans la vie de la nature comme dans celle des hommes, il s'est élevé à l'idée d'une loi unique embrassant l'ensemble de l'univers. L'action stricte de cette loi, qui ne souffre aucune exception, n'a pu échapper à l'acuité de son regard. En reconnaissant et en proclamant l'existence de cette règle, de cette causalité absolue, il a marqué un tournant dans le développement intellectuel de notre race. « Le soleil ne dépassera pas les mesures ; sinon, les Erinyes, vengeresses du droit, sauraient bien l'atteindre. » « Ceux qui parlent avec intelligence doivent s'appuyer sur l'universel comme une cité sur la loi, et même beaucoup plus fort, car toutes les lois humaines sont nourries parla seule divine. » « Quoique ce Logos (cette loi fondamentale) existe de tout temps, il est toujours incompris des hommes, soit avant qu'ils l'aient entendu, soit au moment où ils l'entendent pour la première fois [17]. Comment Héraclite est-il arrivé à gravir ce sommet de la connaissance ? A cette question, on peut tout d'abord répondre : en recueillant et en concentrant les tendances qui animent toute son époque. L'explication du monde par l'intervention arbitraire et capricieuse d'êtres surnaturels ne suffisait ni à la connaissance plus approfondie qu'on avait de la nature, ni aux aspirations

---

[16] Kallinos, frg. 1, dans Bergk, *Poet. lyrici graeci*, II. 3, 4ᵉ éd. — Cf. frg. 101 et 102.
[17] Cf. frg. 29 ; 91 ; 2.

morales plus larges qui s'étaient fait jour. L'exaltation progressive, et par suite le perfectionnement moral du dieu suprême ou dieu du ciel, la tentative toujours renouvelée de dériver la multiplicité changeante des choses d'une seule matière primordiale, tout cela porte témoignage de la croyance toujours plus grande en l'homogénéité de l'univers et en l'unité de la puissance qui le régit. La voie était frayée à la connaissance de lois souveraines. Et cette connaissance devait prendre une forme de plus en plus rigoureuse. La base de la recherche exacte fut posée d'abord par les astronomes, bientôt aussi par les physiciens-mathématiciens, parmi lesquels la première place revient à Pythagore. La nouvelle des résultats de ses expériences extraordinaires en acoustique dut produire une impression telle que l'on ne peut guère se la représenter. Le plus « ailé » des phénomènes, le son, avait, pour ainsi dire, été capté et ployé sous le joug du nombre et de la mesure ; qu'est-ce qui pouvait résister encore à ces dompteurs des faits ? Bientôt, de l'Italie méridionale, ce cri retentit à travers l'Hellade : « L'essence des choses, c'est le nombre ! » Il est évident que l'Éphésien ne pouvait fermer son esprit à ces influences, et cela est, au moins en partie, reconnu aujourd'hui. Le rôle que les idées d'harmonie, de contraste, et surtout de mesure, jouent dans ses spéculations remonte sûrement, pour la plus grande part, à l'action du Pythagorisme, pour une part moindre à celle d'Anaximandre. Aussi peu il était fait lui-même pour la recherche exacte, — sa passion était trop vive, son esprit trop prompt à s'enflammer, trop porté à s'enivrer et à se contenter de métaphores —, autant il était qualifié pour servir de héraut à la nouvelle philosophie. En cela, et aussi sans doute en raison des multiples injustices dont il s'est rendu coupable à l'égard des vrais créateurs de la science, il ressemble vraiment au chancelier Bacon, auquel on l'a récemment comparé à un autre point de vue et avec beaucoup moins de raison[18]. Mais ce qu'il y a de vivant en lui, ce n'est pas seulement la puissance verbale et la plasticité de l'expression. Sans doute, son interprétation des phénomènes particuliers est la plupart du temps puérile : « L'homme ivre est conduit par un enfant imberbe, et trébuche parce que son âme est mouillée » ; « une âme sèche est la plus sage et la meilleure » ; mais à quel extraordinaire degré était développée en lui la faculté géniale de reconnaître et de dégager l'analogie sous les enveloppes les plus hétérogènes ! Bien peu d'hommes ont su, comme lui, poursuivre dans toute la hiérarchie des êtres, dans l'ensemble de la vie naturelle et de celle de l'esprit, les découvertes qu'ils avaient faites dans un champ spécial et limité. Il ne s'agissait pas, il est vrai, pour lui, comme nous l'avons déjà remarqué,

---

[18] La comparaison avec le chancelier Bacon est de Schuster, *loc. cit.*, p. 41, rem. 1. — Au sujet de ce qui suit, cf. frg. 73 et 74.

de jeter un pont sur l'abîme qui sépare la nature et l'esprit; cet abîme n'existait guère pour lui ni pour ses prédécesseurs en général. Sous ce rapport, le choix auquel il s'était arrêté en fait de matière primordiale fut pour lui un élément de progrès. Pensant que le monde est fait de feu, c'est-à-dire de la matière de l'âme, il pouvait sans scrupule étendre aux phénomènes psychiques et aux phénomènes politiques ou sociaux qui en découlent les généralisations qu'il avait tirées de n'importe quel domaine de la vie de la nature. De là l'ampleur compréhensive de ses généralisations, dont le couronnement suprême se trouve dans la constatation de la loi universelle à laquelle tout est soumis.

Mais un motif particulier le poussait encore à escalader ce sommet, et à proclamer solennellement, comme but suprême de la connaissance, la loi universelle qui régit tous les phénomènes: ce motif était tiré de sa doctrine de l'écoulement des choses combinée avec sa théorie si imparfaite de la matière. Il devait craindre, sans cela, de ne laisser subsister aucun objet quelconque de connaissance vraie; le reproche qu'Aristote lui a fait à tort l'aurait, en ce cas, atteint à bon droit, semble-t-il [19]. Mais, dès lors, il ne pouvait plus en être ainsi. Au milieu de toutes les vicissitudes des objets particuliers, de toutes les métamorphoses de la matière, en dépit de la destruction qui devait atteindre, à intervalles réguliers, l'édifice même de l'Univers, et de laquelle celui-ci devait sans cesse renaître, la loi universelle reste debout, intangible, immuable, à côté de la matière primitive, conçue comme animée et intelligente; elle se confond avec elle, selon une conception mystique et peu claire, à titre de raison universelle ou de divinité souveraine, et ces deux principes réunis constituent la seule chose permanente dans le fleuve —sans commencement ni fin— des phénomènes. Connaître la loi ou la raison universelles, tel est le devoir suprême de l'intelligence; se plier, se soumettre à elle, telle est la règle suprême de la conduite. Suivre son sentiment ou sa volonté propres, c'est incorporer en soi le faux et le mal, qui, au fond, ne sont qu'une seule et même chose. La « présomption » est comparée par lui à l'une des plus terribles maladies qui puissent frapper l'homme, à celle qui, dans toute l'antiquité, a été regardée comme une possession démoniaque, l'épilepsie; « l'orgueil doit être étouffé comme un incendie ». Il n'y a qu'une chose sage: c'est de « connaître la raison, qui gouverne tout et par tout ». En réalité, il n'est pas facile de satisfaire à cette exigence, car la vérité est paradoxe: « La Nature n'aime-t-elle pas à se voiler » et « n'échappe-t-elle pas à la connaissance par son invraisemblance » ? Mais le chercheur doit y consacrer tous ses efforts; il doit être rempli de joie et de

---

[19] *Métaph.*, I, 6.

courage, être constamment en garde contre les surprises, car « si vous n'attendez pas l'inattendu, vous n'atteindrez pas la vérité, qui est difficile à discerner, à peine accessible ». « Nous ne devons pas échafauder de frivoles hypothèses sur les plus hauts objets »; le caprice ne doit pas nous guider, « car la punition frappera la forge des mensonges et les faux témoins ». Les institutions humaines ne durent que pour autant qu'elles concordent avec la loi divine; car celle-ci « atteint aussi loin qu'elle le veut, suffit à tout et domine tout ». Mais au dedans de ces limites, règne la loi pour laquelle « le peuple doit combattre comme pour une muraille »; cette loi n'est pourtant pas, assurément, le bon plaisir de la foule aux cent têtes, et dépourvue de raison, mais l'intelligence, et souvent « le conseil d'un seul » auquel, à cause de sa sagesse supérieure, « est due l'obéissance [20] ».

L'influence de notre philosophe s'est exercée sur la postérité d'une manière curieuse et en deux sens opposés. Comme facteur historique, il offre le même double aspect que présentent, selon lui, les choses. Il a été la source principale et primitive d'une tendance religieuse et conservatrice, mais aussi, et à un égal degré, d'une tendance sceptique et révolutionnaire. Il est — pourrait-on dire en lui empruntant son langage — et il n'est pas un boulevard de conservatisme; il est et il n'est pas un champion de bouleversement. Le centre de gravité de son influence se trouve pourtant, en raison de son génie particulier, du côté que nous avons indiqué en premier lieu. Au sein de l'école stoïcienne, cette influence constitue le pôle opposé aux tendances radicales du cynisme. De l'absolue dépendance où, selon son enseignement, se trouvent les phénomènes à l'égard d'une loi supérieure, a découlé le rigoureux déterminisme de cette secte, déterminisme qui, sauf dans les cerveaux les plus éclairés, menaçait de dégénérer en fatalisme. De là la disposition au renoncement et presque au quiétisme, qui s'annonce déjà à nous dans les vers de Cléanthe; de là la soumission volontaire aux dispensations du sort dont Épictète et Marc-Aurèle ont été les apôtres. C'est aussi chez Héraclite que nous avons trouvé les premiers symptômes du penchant qu'auront les Stoïciens à accommoder leurs doctrines aux croyances populaires. De même, on peut rappeler son disciple dans les temps modernes, Hegel, avec sa Philosophie de la Restauration, avec sa glorification de l'élément traditionnel dans l'État et dans l'Église; enfin avec sa parole fameuse : « Ce qui est réel est raisonnable, et ce qui est raisonnable est réel [21] ». Mais, d'autre part, le radicalisme néo-hégélien, ainsi que peut nous le montrer l'exemple de Lassalle, est aussi en

---

[20] Cf. surtout frg. 24; 36; Diog. Laërce, IX, 8. Voir aussi D. L., IX, 7; frg. 103; 19; 10 et 116; 7; 48; 118; auxquels on peut ajouter les frg. 91, 100 et 110.
[21] Cf. Haym, *Hegel und seine Zeit*, 357 sq.; voir aussi Hegel, Ges. Werke, XIII, 328 et 334.

connexion étroite avec Héraclite. Et si l'on veut connaître le parallèle le plus frappant, le pendant le plus exact de l'Éphésien qu'aient produit les temps modernes, il faut le chercher dans Proudhon, ce puissant penseur subversif, qui lui ressemble comme une goutte d'eau à sa voisine, non seulement dans quelques doctrines isolées tout à fait caractéristiques, mais qui le rappelle de la manière la plus vive par le fond même de son esprit, aussi bien que par la forme paradoxale que, en raison de cet esprit, il a donnée à ses théories [22].

La clef de cette contradiction est facile à trouver. L'essence la plus intime de l'Héraclitisme est l'étendue du regard qu'il jette sur la multiplicité des choses, la largeur de l'horizon intellectuel qu'il embrasse. Or la faculté même et l'habitude de voir ainsi les choses de haut et de loin a pour effet de nous réconcilier avec les imperfections de la nature aussi bien qu'avec les duretés du développement historique. Car elles nous font souvent voir le remède à côté du mal, l'antidote à côté du poison ; elles nous apprennent à reconnaître dans le conflit apparent une profonde harmonie intérieure ; dans la laideur et la méchanceté des termes de transition indispensables, des étapes sur le chemin de la beauté et de la bonté. Elles nous amènent à juger avec indulgence aussi bien les lois de l'Univers que les événements historiques. Elles provoquent des « théodicées » ; elles ont pour effet la réhabilitation d'individus aussi bien que celles d'époques et de civilisations tout entières. Elles donnent naissance au sens historique et ne sont pas étrangères aux courants d'optimisme religieux ; le réveil de ces tendances à l'époque du romantisme n'a-t-il pas été accompagné d'un réveil de l'Héraclitisme ? Mais, d'autre part, cette tournure d'esprit a aussi pour effet d'empêcher la formation de jugements tranchants dans leur partialité, et cela au détriment de l'autoritarisme. La mobilité et la souplesse de la pensée poussées au plus haut degré sont essentiellement contraires à l'immutabilité des institutions. Quand tout paraît entraîné dans un perpétuel devenir ; quand tout phénomène particulier, envisagé comme un chaînon dans la chaîne des causes, cesse d'être autre chose que la phase passagère d'un développement, qui se sentirait disposé à regarder comme éternelle et intangible une forme quelconque de cette série incessante de métamorphoses et à se prosterner devant elle ?

On peut dire avec raison : « L'Héraclitisme est conservateur, parce que, dans toutes les négations, il discerne l'élément positif ; il est radical-révolutionnaire, parce que, dans toutes les affirmations, il découvre l'élément négatif. Il ne

---

[22] Sur l'affinité intellectuelle de Proudhon avec Héraclite, comp. notre dissertation, pp. 1049-1055.

connaît rien d'absolu, ni dans le bien, ni dans le mal. C'est pourquoi il ne peut rien rejeter absolument, mais rien admettre non plus sans restriction. La relativité de ses jugements lui inspire la justice de ses appréciations historiques ; mais elle l'empêche aussi de considérer comme définitive n'importe quelle institution existante[23]. »

Theodor Gomberz

---

[23] Un mot d'explication pour justifier l'ordre que nous avons suivi, et qui fait que nous étudions Héraclite avant Pythagore et Xénophane, bien que nous admettions qu'il ait été influencé par eux. Les interdépendances dans la marche du développement intellectuel à cette époque peuvent être comparées à une série de fils dirigés parallèlement dans le sens de la longueur et reliés par un grand nombre de fils transversaux. On se trouve donc mis en demeure de choisir entre deux alternatives : ou bien suivre les fils principaux (dans le cas présent Thalès, Anaximandre, Anaximène, Héraclite, d'une part, Pythagore, Xénophane, Parménide, etc., de l'autre), et de mentionner par anticipation les influences secondaires, ou de sauter continuellement d'un des fils principaux à l'autre, ce qui aurait pour effet de brouiller l'exposé d'une manière intolérable. Héraclite a connu Xénophane, et Parménide a, de son côté, engagé une polémique contre Héraclite. Il faudrait donc, si l'on voulait tenir exactement compte de tous ces rapports, placer Héraclite après Xénophane, mais avant Parménide, et séparer ainsi violemment l'un de l'autre deux penseurs étroitement unis.

FRAGMENTS D'HÉRACLITE

1. Ce verbe, qui est vrai, est toujours incompris des hommes, soit avant qu'ils ne l'entendent, soit alors qu'ils l'entendent pour la première fois. Quoique toutes choses se fassent suivant ce verbe, ils ne semblent avoir aucune expérience de paroles et de faits tels que je les expose, distinguant leur nature et disant comme ils sont. Mais les autres hommes ne s'aperçoivent pas plus de ce qu'ils font étant éveillés, qu'ils ne se souviennent de ce qu'ils ont fait en dormant.

    SEXTUS EMPIRICUS, *Contre les mathématiciens*, VII, 132.

2. Aussi faut-il suivre le (*logos*) commun ; mais quoiqu'il soit commun à tous, la plupart vivent comme s'ils avaient une intelligence à eux.

    SEXTUS EMPIRICUS, *Contre les mathématiciens*, VII, 133.

3. (Le soleil) sa largeur est d'un pied.

    AÉTIUS, *OPINIONS*, II, 21, 4.

4. *Si felicitas esset in delectationibus corporis, bones felices diceremus, cum inveniant orobum ad comedendum.*

    ALBERT LE GRAND, *DE VEGETABILIBUS*, VI, 401.

4a. Célébrer des sacrifices sanglants ne sert pas plus à nous purifier que la boue ne laverait la tache qu'elle a faite.

    ANATOLIUS [COD. *MON. GR.* 384, F. 58]

5. Ils prient de telles images ; c'est comme si quelqu'un parlait avec les maisons, ne sachant pas ce que sont les dieux ni les héros.

    FRAGMENTE GRIECHISCHER THEOSOPHIEN, 68.

6. (Le soleil) chaque jour nouveau.

    Aristote, *Météorologiques*, B 2, 355a 13.

7. Si toutes choses devenaient fumée, on connaîtrait par les narines.

    Aristote, *De sensu*, 5, 443a 23.

8. Ce qui est contraire est utile ; ce qui lutte forme la plus belle harmonie ; tout se fait par discorde.

    Aristote, *Éthique à Nicomaque*, Θ, 2, 1155b4.

9. L'âne choisirait la paille plutôt que l'or.

    Aristote, *Éthique à Nicomaque*, K5, 1176a7.

10. Joignez ce qui est complet et ce qui ne l'est pas, ce qui concorde et ce qui discorde, ce qui est en harmonie et en désaccord ; de toutes choses une, et de une, toutes choses.

    Ps. Aristote, *Traité du Monde*, 5. 396b7.

11. Tout reptile se nourrit de terre.

    Ps. Aristote, *Traité du monde*, 6, 401, a 8s.

12. A ceux qui descendent dans les mêmes fleuves surviennent toujours d'autres et d'autres eaux.

    Arius Didyne dans Eusèbe, *Préparation évangélique*, XV, 20, 2.

15. Car, si ce n'était pas de Dionysos qu'on mène la pompe, en chantant le cantique aux parties honteuses, ce serait l'acte le plus éhonté, dit Héraclite ; mais c'est le même, Hadès ou Dionysos, pour qui l'on est en folie ou en délire.

    Clément, *Protreptique*, 34, 5.

16. Qui se cachera du feu qui ne se couche pas ?

Clément, *Pédagogue*, 99, 5.

17. Ce n'est pas ce que pensent la plupart de ceux que l'on rencontre ; ils apprennent, mais ne savent pas, quoiqu'ils se le figurent à part eux.

Clément, *Stromates*, II, 8, 1.

18. Sans l'espérance, vous ne trouverez pas l'inespéré qui est introuvable et inaccessible.

Clément, *Stromates*, II, 24, 5.

19. Ils ne savent ni écouter ni parler.

Clément, *Stromates*, II, 24, 5.

20. Quand ils sont nés, ils veulent vivre et subir la mort et laisser des enfants pour la mort.

Clément, *Stomates*, III, 14, 1.

22. Ceux qui cherchent l'or fouillent beaucoup de terre pour trouver de petites parcelles.

Clément, *Stromates*, IV, 2, 4, 2.

23. On ne connaîtrait pas le mot de justice, s'il n'y avait pas de perversité.

Clément, *Stromates*, IV, 10, 1.

24. Les dieux et les hommes honorent ceux qui succombent à la guerre.

Clément, *Stromates*, IV, 4, 16, 1.

25. Les plus grands morts obtiennent les plus grands sorts.

Clément, *Stromates*, IV, 7, 49, 3.

26. L'homme dans la nuit, allume une lumière pour lui-même ; mort, il est éteint. Mais vivant, dans son sommeil et les yeux éteints, il brûle plus que le mort ; éveillé, plus que s'il dort.

Clément, *Stromates*, IV, 141, 2.

27. Les hommes n'espèrent ni ne croient ce qui les attend après la mort.

Clément, *Stromates*, IV, 22, 144, 3.

28. L'homme éprouvé sait conserver ses opinions ; le châtiment atteindra les artisans de mensonge et les faux témoins.

Clément, *Stromates*, V, I, 9, 3.

30. Ce monde été fait, par aucun des dieux ni par aucun des hommes ; il a toujours été et sera toujours, feu éternellement vivant, s'allumant par mesure et s'éteignant par mesure.

Clément, *Stromates*, V, 14, 104, 2.

31. Les changements du feu sont d'abord la mer, et, de la mer, pour moitié terre, moitié pré-terre. La mer se répand et se mesure au même compte qu'avant que la terre ne fût.

Clément, *Stromates*, V, 14, 104, 3.

32. L'un, qui seul est sage, veut et ne veut pas être appelé du nom de Zeus.

Clément, *Stromates*, V, 115, 1.

33. La loi et la sentence est d'obéir à l'un.

Clément, *Stromates*, V, 14, 115, 2.

34. Les inintelligents qui écoutent ressemblent à des sourds ; le proverbe témoigne que, tout présents qu'ils soient, ils sont absents.

Clément, *Stromates*, V, 115, 3.
Préparation évangélique, XIII, 13, 42.

36. Pour les âmes, la mort est de devenir eau ; pour l'eau, la mort est de devenir terre ; mais de la terre vient l'eau, de l'eau vient l'âme.

Clément, *Stromates*, VI, 17, 2.

39. Dans Priène, vivait Bias, fils de Teutame, dont on parle plus que des autres.

Diogène Laërce, *Vies des philosophes*, I, 88.

40. La polymathie n'enseigne pas l'intelligence ; elle eût enseigné Pythagore, Xénophane et Hécatée.

Diogène Laërce, *Vies des philosophes*, IX, 1.

41. Il n'y a qu'une chose sage, c'est de connaître la pensée qui peut tout gouverner partout.

Diogène Laërce, *Vies des philosophes*, IX, 1.

43. Mieux vaut étouffer la démesure qu'un incendie.

Diogène Laërce, *Vies des philosophes*, IX, 2.

44. Le peuple doit combattre pour la loi comme pour ses murailles.

Diogène Laërce, *Vies des philosophes*, IX, 2.

46. La présomption est une maladie sacrée.

Diogène Laërce, *Vies des philosophes*, IX, 7.

50. Ce n'est pas à moi, mais au logos qu'il est sage d'accorder que l'un devient toutes choses.

Hippolyte, *Réfutation des toutes les hérésies*, IX, 9, 1

51. Ils ne comprennent pas comment ce qui lutte avec soi-même peut s'accorder. L'harmonie du monde est par tensions opposées, comme pour la lyre et pour l'arc.

Hippolyte, *Réfutation des toutes les hérésies*, IX, 9, 2.

52. L'Éternel est un enfant qui joue ; la royauté est à un enfant.

          Hippolyte, *Réfutation des toutes les hérésies*, IX, 9, 4.

53. La guerre est père de tout, roi de tout, a désigné ceux-ci comme dieux, ceux-là comme hommes, ceux-ci comme esclaves, ceux-là comme libres.

          Hippolyte, *Réfutation des toutes les hérésies*, IX, 9, 4.

54. Il y a une harmonie dérobée, meilleure que l'apparente et où le dieu a mêlé et profondément caché les différences et les diversités.

         Hippolyte, *Réfutation des toutes les hérésies*, IX, 9, 5.

55. Ce qu'on voit, ce qu'on entend, ce qu'on apprend, voilà ce que j'estime davantage.

         Hippolyte, *Réfutation des toutes les hérésies*, IX, 9, 15.

56. Les hommes se trompent pour la connaissance des choses évidentes, comme Homère qui fut le plus sage des Grecs. Des enfants, qui faisaient la chasse à leur vermine, l'ont trompé en disant : « Ce que nous voyons et prenons, nous le laissons ; ce que nous ne voyons ni prenons, nous l'emportons ».

         Hippolyte, *Réfutation des toutes les hérésies*, IX, 9, 6.

57. La foule a pour maître Hésiode ; elle prend pour le plus grand savant celui qui ne sait pas ce qu'est le jour ou la nuit ; car c'est une même chose.

         Hippolyte, *Réfutation des toutes les hérésies*, IX, 10, 2.

58. Les médecins taillent, brûlent, torturent de toute façon les malades et, leur faisant un bien qui est la même chose qu'une maladie, réclament une récompense qu'ils ne méritent guère.

         Hippolyte, *Réfutation des toutes les hérésies*, IX, 10, 3.

60. Un même chemin en haut, en bas.

         Hippolyte, *Réfutation des toutes les hérésies*, IX, 10, 4.

61. La mer est l'eau la plus pure et la plus souillée ; potable et salutaire aux poissons, elle est non potable et funeste pour les hommes.

> Hippolyte, *Réfutation des toutes les hérésies*, IX, 10, 5.

62. Les immortels sont mortels et les mortels, immortels ; la vie des uns est la mort des autres, la mort des uns, la vie des autres.

> Hippolyte, *Réfutation de toutes les hérésies*, IX, 10, 6.

63. De là ils s'élèvent et deviennent gardiens vigilants des vivants et des morts.

> Hippolyte, *Réfutation de toutes les hérésies*, IX, 10, 6.

64. La foudre est au gouvernail de l'univers.

> Hippolyte, *Réfutation de toutes les hérésies*, IX, 10, 7.

65. Le feu est indigence et satiété.

> Hippolyte, *Réfutation de toutes les hérésies*, IX, 10, 7.

66. Le feu survenant jugera et dévorera toutes choses.

> Hippolyte, *Réfutation de toutes les hérésies*, IX, 10, 7.

67. Le dieu est jour-nuit, hiver-été, guerre-paix, satiété-faim. Il se change comme quand on y mêle des parfums ; alors on le nomme suivant leur odeur.

> Hippolyte, *Réfutation de toutes les hérésies*, IX, 10, 7.

76. Mort du feu, naissance pour l'air ; mort de l'air, naissance pour l'eau.

> Marc Aurèle, *Pensées*, IV, 46 ;
> Maxime de Tyr, XII ;
> Plutarque, *de Ei*, 18. 392c.

78. Le naturel humain n'a pas de raison, le divin en a.

> Celse, dans Origène, *Contre Celse*, VI, 12.

80. Il faut savoir que la guerre est commune, la justice discorde, que tout se fait et se détruit par discorde.

CELSE, DANS ORIGÈNE, *CONTRE CELSE*, VI, 42.

82. Le plus beau singe est laid en regard du genre humain.

PLATON, *HIPPIAS MAJEUR*, 289 A.

83. L'homme le plus sage paraît un singe devant Dieu.

PLATON, *HIPPIAS MAJEUR*, 289 B.

85. Il est difficile de résister à la colère ; elle fait bon marché de l'âme.

ARISTOTE, *ÉTHIQUE À EUDÈME*, B 7, 1223 B 23 S.

86. Cacher les profondeurs de la science est une bonne défiance ; elle ne se laisse pas méconnaître.

CLÉMENT, *STROMATES*, V, 13, 88, 4.

87. L'homme niais est mis hors de lui par tout discours.

PLUTARQUE, *DE AUDIENTIS POETIS*, 28 D.

88. Même chose ce qui vit et ce qui est mort, ce qui est éveillé et ce qui dort, ce qui est jeune et ce qui est vieux ; car le changement de l'un donne l'autre, et réciproquement.

PLUTARQUE, *CONSOLATION D'APOLLONIUS*, 106 E.

90. Contre le feu se changent toutes choses et contre toutes choses le feu, comme les biens contre l'or et l'or contre les biens.

PLUTARQUE, *SUR L'EI DE DELPHES*, 388 D ET E.

91. On ne peut pas descendre deux fois dans le même fleuve.

PLUTARQUE, *SUR L'EI DE DELPHES*, 392 B.

92. La sibylle, de sa bouche en fureur, jette des paroles qui ne font pas rire, qui ne sont pas ornées et fardées, mais le dieu prolonge sa voix pendant mille ans.

>   Plutarque, *Sur les oracles de la Pythie*, 397 A.

93. Le dieu dont l'oracle est à Delphes ne révèle pas, ne cache pas, mais il indique.

>   Plutarque, *Sur les oracles*.

94. Le Soleil ne dépassera pas les mesures ; sinon, les Erynnies, suivantes de Zeus, sauront bien le trouver.

>   Plutarque, *Sur les oracles*.

95. Il vaut mieux cacher son ignorance ; mais cela est difficile quand on se laisse aller à l'inattention ou a l'ivresse.

>   Plutarque, *Idem*.

96. Les morts sont à rejeter encore plus que le fumier.

>   Plutarque, *Idem*.

97. Les chiens aboient après ceux qu'ils ne connaissent pas.

>   Plutarque, *Idem*.

98. Les âmes flairent dans l'Hadès.

>   Plutarque, *Idem*.

99. Sans le Soleil, on aurait la nuit.

>   Plutarque, *Idem*.

101. Je me suis cherché moi-même.

>   Plutarque, *Idem*.

104. Quel est leur esprit ou leur intelligence ?

PLUTARQUE, *IDEM*.

107. Ce sont de mauvais témoins pour les hommes que les yeux et les oreilles quand les âmes sont barbares.

PLUTARQUE, *IDEM*.

108. De tous ceux dont j'ai entendu les discours, aucun n'est arrivé à savoir que ce qui est sage est séparé de toutes choses.

PLUTARQUE, *IDEM*.

110. Il n'est pas préférable pour les hommes de devenir ce qu'ils veulent.

PLUTARQUE, *IDEM*.

111. C'est la maladie qui rend la santé douce et bonne ; c'est la faim qui fait de même désirer la satiété, et la fatigue, le repos.

PLUTARQUE, *IDEM*.

114. Ceux qui parlent avec intelligence doivent s'appuyer sur l'intelligence commune à tous, comme une cité sur la loi, et même beaucoup plus fort. Car toutes les lois humaines sont nourries par une seule divine, qui domine autant qu'elle le veut, qui suffit à tout et vient à bout de tout.

PLUTARQUE, *IDEM*.

117. L'homme ivre est guidé par un jeune enfant ; il chancelle, ne sait où il va ; c'est que son âme est humide.

PLUTARQUE, *IDEM*.

118. Où la terre est sèche, est l'âme la plus sage et la meilleure.
L'âme sèche est la plus sage et la meilleure.
L'âme la plus sage est une lueur sèche.
C'est l'âme sèche, la meilleure, celle qui traverse le corps comme un éclair la nuée.

PLUTARQUE, *IDEM*.

119. Le caractère pour l'homme est le daïmôn.

Plutarque, *Idem*.

120. De l'aurore et du soir les limites sont l'Ourse, et, en face de l'Ourse, le Gardien de Zeus sublime (l'Arcture).

Plutarque, *Idem*.

121. Les Éphésiens méritent que tous ceux qui ont âge d'homme meurent, que les enfants perdent leur patrie, eux qui ont chassé Hermodore, le meilleur d'entre eux, en disant : « Que parmi nous il n'y en ait pas de meilleur ; s'il y en a un, qu'il aille vivre ailleurs ».

Plutarque, *Idem*.

129. Pythagore, fils de Mnésarque, plus que tout homme s'est appliqué à l'étude, et recueillant ces écrits il s'est fait sa sagesse, polymathie, méchant art.

Plutarque, *Idem*.

DIOGÈNE LAËRCE
VIE D'HÉRACLITE [24]

---

[24] Traduction de Robert Genaille, 1933.

HÉRACLITE, FILS DE BLYSON, OU SELON UNE AUTRE TRADITION D'HÉRAKION, ORIGINAIRE D'ÉPHÈSE [25].

Il avait quarante ans vers la soixante-neuvième olympiade [26]. C'était un homme aux sentiments élevés, plus que tout autre orgueilleux et méprisant, comme le montrent ces lignes écrites par lui : « La grande érudition [27] n'exerce pas l'esprit. Sans quoi elle en aurait donné à Hésiode, à Pythagore, et encore à Xénophane et à Hécatée. » Selon lui en effet il n'y a qu'une façon d'être sage, c'est de bien connaître la raison, qui est l'essence des choses. Il répétait volontiers qu'on devait bannir des concours Homère et Archiloque, et qu'ils méritaient le fouet. Il disait encore : « Il faut éteindre une injure bien plutôt qu'un incendie », et « le peuple doit défendre ses lois comme il défend ses murs ». Il critiqua âprement les Éphésiens d'avoir exilé son ami Hermodore en disant : « Il est juste que meurent tous les Éphésiens d'âge mûr, et que les enfants soient exilés, puisqu'ils ont exilé le plus utile d'entre eux, Hermodore, en disant : « Qu'il n'y ait personne qui soit meilleur que nous ; s'il y en a un qu'il aille vivre avec d'autres gens. » Comme on lui demandait d'établir pour eux des lois, il les méprisa, parce que, selon lui, la ville avait depuis longtemps de trop mauvaises mœurs politiques [28]. S'étant retiré près du temple d'Artémis, il jouait aux osselets avec des enfants. Les Éphésiens, en cercle autour de lui, le regardaient faire curieusement : « Qu'avez-vous à vous étonner, vauriens, leur demanda-t-il, cela ne vaut-il pas mieux que d'administrer la république avec vous ? » Finalement, il devint si misanthrope, qu'il se retira à l'écart et s'en alla vivre d'herbes et de plantes sur les montagnes. Toutefois, ce régime l'ayant rendu hydropique, il redescendit à la ville pour consulter les médecins, auxquels il demanda sous forme d'énigme, s'ils pourraient changer un temps pluvieux en sécheresse. Comme ils ne comprenaient pas, il alla s'enfermer dans une étable, et espéra se guérir et dessécher cette eau à la chaleur de la bouse

---

[25] Ville d'Asie Mineure sur la côte, entre Colophon et Milet, en face de l'île de Samos.
[26] Vers 500 av. J.-C.
[27] Héraclite critique, derrière la multiplicité des connaissances, le recours aux systèmes trop subtils qui écartent le philosophe du réel.
[28] Cette raison semble un prétexte : le refus d'Héraclite de participer à la vie politique doit être l'effet de son caractère ombrageux et de son goût pour la retraite.

dont il se couvrit. Mais, n'arrivant à rien même par ce moyen, il finit par en mourir à l'âge de soixante ans. Et j'ai fait sur lui l'épigramme suivante :

> Souvent j'admirai Héraclite, et comment la vie
> Fut pour lui pénible, et comment enfin il mourut,
> Car une pénible maladie arrosa d'eau son corps,
> Éteignit la lumière de ses yeux et y conduisit l'ombre.

Hermippe nous dit qu'il demanda aux médecins si l'on pouvait chasser cette eau en pressant ses intestins ; sur leur avis négatif, il alla s'exposer en plein soleil, et ordonna aux enfants de le couvrir de bouse. Épuisé par ce remède, il mourut le lendemain et fut enterré sur la place publique. Néanthe de Cyzique, de son côté, déclare qu'il ne put se défaire de cette bouse qui le couvrait, qu'il resta assis sur place, et que, comme cette transformation ne permettait pas de le reconnaître, il fut mangé par les chiens.

Il fut dès sa jeunesse un objet d'étonnement. Étant jeune, il disait ne rien savoir, mais quand il fut un homme, il déclarait tout savoir. Il ne fut le disciple de personne, il fit ses recherches et apprit tout par lui-même. Sotion rapporte toutefois une tradition selon laquelle il aurait été disciple de Xénophane, et ajoute qu'Ariston (sur Héraclite) dit qu'il guérit de son hydropisie et mourut d'une autre maladie. Hippobotos dit la même chose. Le livre qu'on attribue à Héraclite parle de la nature d'un bout à l'autre, mais se divise en trois parties, sur le tout, sur la politique, sur la théologie. Il le déposa en offrande sur l'autel d'Artémis, après l'avoir écrit en termes obscurs[29] à dessein, dit-on, afin que seuls des gens capables pussent le lire, et qu'il ne devînt pas méprisable pour avoir été vulgarisé.

Timon décrit Héraclite ainsi :

> L'un d'eux, le criard et le méprisant Héraclite
> Qui parle par énigmes s'élança.

---

[29] Cf. liv. II, *Vie de Socrate*. Socrate déclare qu'il goûte beaucoup Héraclite, mais ne le comprend pas toujours, car il aurait souvent besoin, pour ne pas perdre pied, d'un interprète qui fût un bon nageur de Délos.

Théophraste rapporte qu'il a écrit beaucoup de phrases incomplètes ou contradictoires, parce qu'il était tourmenté par sa bile[30]. Antisthène donne de sa noblesse d'âme une preuve dans ses Successions : c'est qu'il céda le pouvoir à son frère. Son livre eut une telle réputation qu'il lui créa des disciples : ceux que l'on a appelés les Héraclitiens.

Voici en gros ses théories[31] : C'est le feu[32] qui a tout créé et c'est en lui que tout se résout. Tout est soumis au destin. C'est le mouvement qui crée toute l'harmonie du monde. Tout est plein d'esprits et de démons. Il a parlé de tout ce que contient le monde, et dit que le soleil a exactement la grandeur qu'on lui voit[33]. Il dit encore : « Quelque effort qu'on fasse, on n'atteindra pas les limites de l'âme. » La croyance est pour lui une maladie sacrée, et la vue un mensonge. Quelquefois, dans son livre, il s'exprime d'une façon si claire et si lumineuse, que même l'esprit le moins délié peut le comprendre et peut saisir le trajet de sa pensée. Sa concision et sa richesse de pensée sont inimitables.

Voici maintenant comment ses théories sont exposées dans chaque partie de son livre. Le feu est un élément et tout se fait par des transformations du feu, soit qu'il se raréfie, soit qu'il devienne plus dense. Toutefois, il n'explique rien très clairement : ainsi dit-il que tout se fait par l'opposition des contraires, et que tout coule comme un fleuve. L'univers, selon lui, est limité, et il n'y a qu'un monde, qui a été créé par le feu, et qui retournera au feu après certaines périodes, éternellement. C'est le destin qui le veut ainsi.

Entre contraires, il y a une lutte qui aboutit à la création, c'est ce qu'on appelle la guerre et la querelle ; l'autre, qui aboutit à l'embrasement, s'appelle la concorde et la paix. Le mouvement vers le haut et vers le bas crée le monde de la façon suivante : le feu en se condensant devient liquide, l'eau en se conden-

---

[30] Cette opinion d'un Héraclite mélancolique donnée ici par Théophraste explique que l'écrivain Lucien l'ait raillé dans son ouvrage Les Sectes à l'encan, en le représentant toujours en pleurs, et que Juvénal ait dit de lui (Sat. X, 32), en l'opposant à Démocrite :
   Un rire perpétuel secouait la poitrine de Démocrite,
   Mais où donc Héraclite trouvait-il tant de larmes ?
[31] Elles nous sont connues par les fragments de son ouvrage De la nature, recueillis par Schleiermacher et par Diels, Die Fragmente der Vorsokratiken, 1912.
[32] Le premier principe d'Héraclite diffère donc de celui de Thalès, qui était l'eau, et de celui d'Anaximène, qui était l'air (cf. liv. I et 11). Lucrèce (de Nat., I) critique en détail cette opinion selon laquelle tout s'explique par le feu. Il raille au passage l'obscurité du philosophe (v. 632) : Clarus ob obscuram linguam..., et explique (vers 630-658) que la croyance en ce seul élément ne peut rendre compte de la variété des objets : des condensations et raréfactions du feu, il ne peut, dit-il, naître que du feu.
[33] Héraclite (frag. 6) dit : « La largeur du soleil est d'un pied. »

sant se change en terre, et voilà pour le mouvement vers le bas. En sens inverse, d'autre part, la terre fond et se change en eau, et d'elle se forme tout le reste, car il rapporte presque tout à l'évaporation de la mer. Voilà donc comment se fait le mouvement vers le haut. Il y a donc des évaporations venant de la terre et de la mer, dont les unes sont claires et pures, et les autres obscures. Le feu tire sa substance des premières, et l'eau des secondes. Quant à l'air, il n'explique pas sa nature. Il dit toutefois qu'il y a des alvéoles dans la voûte concave tournée vers nous. Dans ces alvéoles viennent se rassembler les émanations claires, qui forment ainsi des lumières qui sont les étoiles. La lumière du feu est la plus brillante et la plus chaude. En effet, les autres astres sont plus loin de la terre, ce qui rend leur éclat moins vif et moins chaud ; la lune enfin est trop proche de la terre pour se trouver dans un lieu pur. Le soleil, au contraire, est dans un lieu brillant et pur, et il est à une distance à notre mesure. C'est pourquoi il est plus chaud et a plus d'éclat. Il y a des éclipses de soleil et de lune quand les alvéoles sont tournés vers le haut. Les phases de la lune chaque mois ont lieu par suite d'un léger et continu mouvement de son alvéole sur lui-même. Le jour, la nuit, les mois, les saisons, les années, les pluies, les vents, etc., viennent des différentes sortes d'évaporations. En effet, une évaporation brillante qui s'allume dans le cercle du soleil donne le jour, l'évaporation contraire donne la nuit. La chaleur née de la lumière donne l'été, et l'humidité née des ténèbres et accumulée donne l'hiver. Héraclite explique tous les autres phénomènes par des raisons analogues. Il n'explique pas quelle est la nature de la terre, et n'explique pas non plus les alvéoles. Voilà donc quelles étaient ses théories.

En ce qui concerne Socrate et ce qu'il a dit après avoir lu son livre, qu'Euripide lui procura, comme le dit Ariston, j'en ai parlé dans la vie de Socrate. Toutefois, Séleucos dit qu'un grammairien de Crotone affirmait, dans son livre intitulé le Plongeur, que c'était un nommé Cratès qui avait pour la première fois introduit son livre en Grèce, en ajoutant qu'il fallait être un plongeur pour n'être pas submergé par ce livre. Ce livre est intitulé tantôt *les Muses*, tantôt *de la Nature* et Diodore l'appelle un bon gouvernail pour le voyage de la vie. D'autres disent : *Science des mœurs*, ou encore *Explication de l'ordre des choses*.

A des gens qui lui demandaient pourquoi il ne parlait guère, on raconte qu'il répondit : « Pour vous laisser bavarder. » Darius souhaita le fréquenter et lui écrivit la lettre suivante :

« Le roi Darius, fils d'Hystaspis, salue Héraclite d'Éphèse le sage.

« Vous avez écrit un livre de la nature difficile à comprendre et à expliquer. Si on l'explique mot à mot, il semble contenir une étude du monde, de l'univers et des phénomènes qui se produisent en lui, phénomènes qui s'expliquent par un mouvement divin. Mais la plupart des passages sont interrompus, si bien que ceux-là mêmes qui ont une parfaite connaissance du grec sont dans le doute sur la véritable et juste interprétation de ce que vous avez écrit. C'est pourquoi le roi Darius, fils d'Hystaspis, désire vous entendre et avoir sa part de l'éducation grecque. Venez donc au plus tôt me voir en mon palais. Car les Grecs, avec leur habitude de ne pas respecter suffisamment les philosophes, méprisent les belles doctrines qu'ils leur enseignent, et qu'ils proposent à leur attention et à leur étude zélée. Mais chez moi, vous aurez le premier rang, et chaque jour, vous trouverez une attention zélée, une conversation attentive, et une vie digne de vos maximes. »

Voici la lettre qu'Héraclite lui envoya en réponse :

« Héraclite d'Éphèse salue le roi Darius, fils d'Hystaspis.
« Tous les gens qui vivent sur la terre s'écartent, autant qu'ils sont, de la vérité et de la justice : ils ne sont attentifs qu'à la cupidité et à la vanité, tant leur âme est sotte et méchante. Mais moi qui ignore ce que peut être la méchanceté, et qui évite le faste toujours suivi de l'envie, et qui veux éviter aussi l'orgueil, je ne saurais aller en Perse, et je me contente du peu qui satisfait mes goûts. »

Voilà comment cet homme se conduisait même à l'égard d'un roi. Démétrios, d'autre part, dit dans ses *Homonymes* qu'il opposa le même refus méprisant aux Athéniens, qui pourtant l'estimaient beaucoup, et bien qu'il fût très méprisé des gens d'Éphèse, il préféra pourtant rester dans son pays. Démétrios de Phalère fait aussi mention de lui dans son Apologie de Socrate. Il y a eu des quantités de gens pour expliquer son livre : Antisthène, Héraclide du Pont, Cléanthe, Sphaeros le stoïcien, Pausanias surnommé l'Héraclitiste, Nicomède, et Dionysios. Parmi les grammairiens, il y eut Diodote, qui intitule son livre non pas *de la Nature*, mais *du Gouvernement*, parce qu'à son avis ce qu'Héraclite dit de la nature, n'est mis qu'à titre d'exemple. Hiéronyme rapporte une satire de Scythinos, poète iambique, sur son livre. La tradition conserve de nombreuses épigrammes faites à son sujet. En voici une :

Je suis Héraclite. Pourquoi me torturez-vous, sots ?
Ce n'est point pour vous que j'ai pris peine,

mais pour des gens capables de me comprendre.
Un seul homme me plaît mieux que mille, les innombrables
Sont zéro. Voilà ce que je dis, même chez Perséphone.

En voici une autre :

Ne prends pas trop vite par son bouton[34] le livre
D'Héraclite d'Éphèse, car c'est un sentier bien rude à parcourir,
Ce ne sont que ténèbres et noire obscurité. Mais si tu as pour guide
Un initié, tout te sera plus clair que le soleil brillant.

Il y eut cinq Héraclite. Celui-ci d'abord, un second, poète lyrique, qui a écrit un éloge des douze dieux, un troisième, poète d'Halicarnasse[35] sur lequel Callimaque a composé ce poème :

On m'a dit, Héraclite, ta mort, et une larme
M'est venue, et je me suis rappelé combien de fois, tous deux,
Nous avions passé des jours entiers en entretiens. Et toi maintenant,
Mon hôte d'Halicarnasse, tu n'es plus depuis longtemps que cendre.
Mais tes chants d'oiseaux vivent toujours, sur lesquels
L'Hadès, ravisseur de toute chose, ne pourra jeter la main.

Le quatrième était de Lesbos, il écrivit une histoire de la Macédoine. Le cinquième était un bouffon qui abandonna la cithare pour ce genre d'écrits plaisants.

---

[34] Le bouton qui servait à fermer le manuscrit roulé.
[35] Ancienne ville de Carie (Asie Mineure), en face de l'île de Cos, patrie d'Hérodote, ville où se trouvait le fameux Mausolée, tombeau du roi Mausole, une des sept merveilles du monde

Table des matières

FRAGMENTS

La pensée d'Héraclite..5
Fragments d'Héraclite..23

DIOGÈNE LAËRCE VIE D'HÉRACLITE

Héraclite, fils de Blyson, ou selon une autre tradition d'Hérakion, originaire d'Éphèse...35